RAPPORT

SUR LE FONCTIONNEMENT

DE

L'ÉCOLE NATIONALE

D'INDUSTRIE LAITIÈRE DE MAMIROLLE

PENDANT L'ANNÉE 1894

PAR M. MARTIN

DIRECTEUR

(Extrait du *Bulletin du Ministère de l'Agriculture*)

PARIS

IMPRIMERIE NATIONALE

M DCCC XCVI

RAPPORT

SUR LE FONCTIONNEMENT

DE

L'ÉCOLE NATIONALE D'INDUSTRIE LAITIÈRE

DE MAMIROLLE

PENDANT L'ANNÉE 1894

PAR M. MARTIN

DIRECTEUR

BEURRERIE.

DATES.	QUANTITÉ DE LAIT		CRÈME		TEMPÉRATURE de la crème à bat	LAIT écrémé	PORTE.	LAIT		ACIDIFICATION.		QUALITÉ DE LA CRÈME.			ADDITION de colorant.		

RABATTAGE.							MALAXAGE.			QUALITÉ DU BEURRE.		RENDEMENT.				REMARQUES.

FABRICATION DU GRUYÈRE.

DATES.	NOMS DES LAITES.			LAIT écrémé		LAIT de GRUYÈRE.	ACIDITÉ.	MISE EN PRÉSURE.						DÉCAILLAGE.

REPOS.	BRASSAGE.						PRESSION.		RENDEMENTS.								GALETTE.

La tenue de cette comptabilité technique oblige les élèves à réfléchir, à se rendre compte du pourquoi de leurs opérations : c'est évidemment un excellent moyen pour discipliner leur esprit à des habitudes de pratique raisonnée et pour en écarter toute idée de machinale routine.

Une partie importante des exercices est fournie par le contrôle du lait. J'ai été souvent frappé de voir combien, dans les laiteries même importantes, la surveillance de la matière première faisait défaut. Riche ou mouillé, ou bien dégraissé, sain ou corrompu, c'est toujours du lait pour beaucoup d'industriels, et, à moins que la falsification ou l'altération ne saute aux yeux, le liquide entre quand même à l'usine. Comment, dans ces conditions, obtenir des produits irréprochables ? Me basant sur une expérience de plusieurs années, je dis, avec la conviction la plus entière, que, si, dans nos fabriques laitières, le contrôle est rigoureusement exercé, une notable partie des déchets disparaîtra.

L'enseignement de Mamirolle, qui vise avant tout à être directement utilitaire, devait faire une large part aux essais de lait. Chose facile, d'ailleurs, avec nos 140 fournisseurs livrant une moyenne journalière de 1,500 kilogrammes. Chaque jour, matin et soir, un élève est préposé à cet examen. Aussi, dans de telles conditions, nos jeunes gens acquièrent rapidement une grande habileté pour le contrôle, et ils peuvent, par suite, à la sortie, rendre de réels services aux fruitières et aux laiteries où ils sont employés.

Les cours théoriques ont lieu dans l'après-midi de chaque jour, à l'exception du samedi qui est consacré au nettoyage général de l'École.

Les cours sont suivis avec intérêt par les élèves. Les plus âgés ne se montrent pas les moins empressés à profiter des leçons. Ils éprouvent plus de difficultés peut-être que les jeunes à retenir les mots techniques; mais, par contre, l'assimilation se fait mieux, ils saisissent davantage l'application des principes, et je n'hésite pas à souhaiter que les candidats aient au moins vingt ans en entrant à l'École. Ce sont incontestablement les meilleurs sujets.

Indépendamment des élèves réguliers, les règlements autorisent l'admission d'élèves temporaires, disposition excellente assurément, puisqu'elle procure la facilité d'acquérir des connaissances techniques à ceux qui ne pourraient séjourner une année. Cette catégorie d'élèves se compose d'éléments très divers : fruitiers, praticiens désireux de se perfectionner, d'apprendre notamment les procédés de contrôle, stagiaires d'écoles nationales d'agriculture se destinant à l'enseignement, industriels, laitiers, etc., constituent un contingent notable, et l'enseignement qui leur est donné peut être mis en parallèle, par ses résultats, avec ceux de l'enseignement fourni aux élèves réguliers.

L'enseignement de Mamirolle se traduit encore de diverses façons. Les gens du métier qui désirent construire ou modifier des châlets, des laiteries, se renseigner sur un outillage nouveau, demander conseil en cas d'accidents de fabrication, s'adressent à l'École, soit en se déplaçant, soit par correspondance.

Le nombre des visiteurs inscrits en 1894 a été de 65.

Les renseignements fournis par lettres sont au nombre de 594; ils ont été envoyés dans 51 départements.

Enfin les perfectionnements sont signalés par des conférences et démonstrations qui ont habituellement lieu lors des concours des comices et par des publications.

En 1894, j'ai fait paraître *L'Industrie du gruyère*, ouvrage destiné à servir de guide aux gérants des fruitières et aux fromagers, et M. Dornic, chef du laboratoire, a publié *Le contrôle pratique et industriel des laits*. Le personnel de l'École collabore régulièrement au *Journal du Syndicat des fruitières de Comté* et à différents organes agricoles.

Je n'oublierai pas de mentionner, en terminant, la visite des fruitières organisée par la Société départementale d'agriculture. M. Chameau, à qui ce service a été confié, fromager habile, s'est initié à Mamirolle au fonctionnement des appareils de contrôle et, par les relations suivies qu'il entretient avec l'établissement, il est à même de faire connaître aux fromagers les méthodes nouvelles, les instruments perfectionnés, et par suite de vulgariser le progrès.

II. — Exploitation.

L'École se procure le lait nécessaire à l'exploitation par l'achat direct aux cultivateurs de Mamirolle et des villages voisins.

Le prix était fixé à 0 fr. 13 le kilogramme pour une période de trois ans. En présence d'une hausse sur les fromages, j'ai cru devoir relever volontairement le chiffre à 0 fr. 14 pour l'année 1894, afin d'encourager nos fournisseurs à conserver les vaches, malgré la pénurie fourragère, conséquence de l'extrême sécheresse de 1893.

Cette mesure a eu pour résultat, comme je le prévoyais, de maintenir les apports à un chiffre parfaitement suffisant pour les besoins de l'enseignement.

Les tableaux suivants donnent les indications relatives à l'exploitation :

Nombre de sociétaires inscrits au 1ᵉʳ janvier 1894...................... 133
Nombre de sociétaires inscrits au 31 décembre 1894.................... 148
Nombre de communes fournissant du lait à l'École.................... 5
Lait livré en 1894...................................... 538,328ᵏ 400ᵍ
A ajouter : lait du 31 décembre 1893.................... 125,800

      Total........................ 538,454,200

A déduire : lait du 31 décembre 1894.................... 377,800

Lait manipulé en 1894............................... 538,076,400

Moyenne journalière de la production...................... 1,474,870
Maximum (le 2 septembre)............................. 1,990,200
Minimum (le 6 janvier)............................... 806,400

TABLEAU RÉCAPITULATIF DU LAIT EMPLOYÉ EN 1894.

MOIS.	LAIT FOURNI.	LAIT FRAIS.	LAIT LIVRÉ ou CONV. FROMAGER.	GRUYÈRE. TOTAL.	GRUYÈRE. POUR REPRÉSENTER.	EMMEN-THAL.	GRUYÈRE MAIGRE. CENTRI-FUGE.	GRUYÈRE MAIGRE. POUR REPRÉSENTER.	GRUYÈRE GRAS CENTRI-FUGE.	GRUYÈRE GRAS POUR REPRÉSENTER.	ÉCRÉMAGE AU DÉPÔT.	ÉCRÉMAGE CENTRI-FUGE.	LAIT DÉSTÉRILISÉ.	CRÈME.	FROMAGES DIVERS. CAMEM-BERT.	FROMAGES DIVERS. PONT-L'ÉVÊQUE.	FROMAGES DIVERS. PORT-SALUT.	FROMAGES DIVERS. ROCHE-FORT.	ESPÈCES DES DIFFÉRENTES FROMAGES ANNUELS.	LARD-BEURRE.	PERTE.
	k. g.	k. g.	kilogr.	k. g.	kilogr.	k. g.	k. g.	k. g.	k. g.	kilogr.	k. g.	k. g.	k. g.	kilogr.	kilogr.	k. g.	kilogr.	kilogr.	k. g.	k. g.	k. g.
Janvier.....	25,979.0	370.0	31	17,560.1	918	»	1,985.2	1,985.2	»	»	6,021.0	485.0	»	6	»	»	»	»	142.10	78.60	»
Février...	27,836.4	412.0	28	19,754.8	»	»	»	»	»	»	6,910.0	60.0	3	3	»	»	»	»	588.22	72.00	8.0
Mars...	36,309.2	558.5	51	22,858.2	1,645	2,317.77	»	»	»	»	10,422.0	315.0	42.0	5	»	»	»	»	282.35	28.73	»
Avril...	39,402.9	399.0	30	29,447.0	12,663	»	»	»	»	»	9,084.0	23.0	»	10	»	»	»	»	442.00	27.00	8.0
Mai...	45,035.1	468.5	31	25,798.3	926	7,200.00	462.0	»	1,301.8	380	6,918.4	868.0	5.5	»	»	»	»	2,114	146.00	30.00	»
Juin...	49,088.4	462.0	29	26,166.3	1,169	7,883.90	449.0	»	9,211.7	5,791	920.0	3,925.0	»	»	»	»	»	529	278.60	39.80	»
Juillet...	53,816.4	428.0	30	41,709.9	»	5,789.30	756.0	»	»	»	130.0	3,453.0	»	»	»	»	»	»	373.00	33.10	»
Août...	59,189.8	468.5	31	41,720.0	»	8,273.50	»	»	»	»	5,204.8	2,031.5	»	»	»	»	»	»	575.00	46.90	»
Septembre..	57,271.5	667.0	30	37,071.0	1,810	8,190.30	»	»	»	»	2,085.1	6,601.0	»	»	»	»	»	»	2,790.50	49.50	200.0
Octobre....	55,337.9	718.5	29	38,811.9	»	9,473.60	»	»	»	»	1,570.5	3,811.7	»	»	»	»	»	»	1,298.50	36.20	»
Novembre...	44,221.3	331.5	30	29,035.9	2,071	1,015.80	4,906.0	»	»	»	5,877.0	2,939.2	»	»	»	»	»	»	746.00	39.40	»
Décembre...	43,845.5	347.5	30	12,034.8	»	»	19,696.3	»	»	»	3,283.0	1,561.0	»	»	3,200	2,707.4	440	»	73.00	22.50	80.0
Totaux...	638,076.4	5,067.5	360	339,580.7	21,802	51,055.67	27,375.1	1,985.2	10,513.1	6,171	55,518.1	30,307.6	107.5	26	3,200	2,707.4	440	2,553	7,877.00	470.73	77.4

TABLEAUX RÉCAPITULATIFS POUR LES RENDEMENTS MENSUELS.

GRUYÈRE DE COMTÉ.

MOIS.	POIDS.			BEURRE FIN.	BEURRE 2ᵉ QUALITÉ.	NOMBRE de KILOGRAMMES DE LAIT pour 1 kilogramme de fromage mûr.
	FRAIS.	MÛR.	DÉCHET POUR CENT.			
	k. g.	k. g.	k. g.	k. g.	k. g.	
Janvier..................	9,26	8,61	6,98	0,710	0,207	11,29
Février.................	9,37	8,69	7,25	0,554	0,258	11,25
Mars...................	9,21	8,55	7,18	0,620	0,240	11,41
Avril..................	9,16	8,35	8,77	0,500	0,270	11,74
Mai....................	9,12	8,42	7,60	0,540	0,307	11,56
Juin...................	9,05	8,19	9,46 (¹)	0,461	0,330	11,90
Juillet.................	9,01	8,32	7,61	0,419	0,401	11,97
Août...................	9,29	8,61	7,35	0,407	0,460	11,43
Septembre..............	9,49	8,76	7,62	0,477	0,474	11,20
Octobre................	9,91	9,10	7,70	0,449	0,422	10,69
Novembre..............	9,37	8,92	7,49	0,619	0,366	10,87
Décembre..............	10,00	9,25	7,60	0,433	0,375	10,66
Totaux.............	112,24	103,77	92,61	6,189	4,110	135,97
Moyennes...........	9,353	8,647	7,717	0,516	0,342	11,331

(¹) Accident survenu durant la maturation.

EMMENTHAL.

MOIS.	POIDS.			BEURRE FIN.	BEURRE 2ᵉ QUALITÉ.	NOMBRE de KILOGRAMMES DE LAIT pour 1 kilogramme de fromage mûr.
	FRAIS.	MÛR.	DÉCHET POUR CENT.			
	k. g.	k. g.	k. g.	k. g.	k. g.	
Mars...................	9,28	8,65	6,71	0,452	0,340	11,34
Mai....................	9,85	9,15	7,07	″	0,474	10,93
Juin...................	9,77	9,05	7,35	″	0,453	11,04
Juillet.................	9,50	8,85	6,83	″	0,505	11,28
Août...................	9,35	8,67	7,19	0,201	0,570	11,41
Septembre..............	9,99	9,37	6,21	0,122	0,560	10,57
Octobre................	10,15	9,59	5,56	0,208	0,528	10,35
Novembre..............	9,89	9,46	4,48	0,332	0,500	10,43
Totaux.............	77,78	72,79	51,40	1,315	3,930	87,35
Moyennes...........	9,722	9,098	6,425	0,263	0,491	10 918

TABLEAUX RÉCAPITULATIFS POUR LES RENDEMENTS MENSUELS. (*Suite.*)

GRUYÈRES GRAS.

MOIS.	POIDS.			BEURRE FIN.	BEURRE 2ᵉ QUALITÉ.	NOMBRE de KILOGRAMMES DE LAIT pour 1 kilogramme de fromage mûr.
	FRAIS.	MÛR.	DÉCHET POUR CENT.			
	k. g.	k. g.	k. g.	k. g.	k. g.	
Mai..................	9,89	8,94	9,54	"	0,424	11,17
Juin.................	9,75	8,86	9,12	"	0,405	11,27
Totaux............	19,64	17,80	18,66	"	0,829	22,44
Moyennes..........	9,82	8,90	9,33	"	0,4145	11,22

GRUYÈRES MAIGRES.

MOIS.	POIDS.			BEURRE FIN.	BEURRE 2ᵉ QUALITÉ.	NOMBRE de KILOGRAMMES DE LAIT pour 1 kilogramme de fromage mûr.
	FRAIS.	MÛR.	DÉCHET POUR CENT.			
	k. g.	k. g.	k. g.	k. g.	k. g.	
Janvier..............	7,81	7,01	10,25	3,810	"	13,15
Mai.................	6,48	5,80	10,50	3,430	"	16,97
Juin................	5,92	4,89	17,40	3,610	"	16,90
Juillet..............	5,49	4,90	10,75	3,450	"	17,95
Novembre...........	6,17	5,52	10,47	4,660	"	15,39
Décembre...........	7,61	6,86	10,40	3,920	"	14,30
Totaux............	39,48	34,98	69,77	22,880	"	94,66
Moyennes..........	6,580	5,830	11,628	3,813	"	15,776

III. — EXPÉRIENCES SUR L'EMPLOI DE DIVERSES PRÉSURES
DANS LA FABRICATION DU GRUYÈRE.

La préparation de la présure, telle qu'elle est actuellement pratiquée dans la fabrication du gruyère, constitue une opération délicate, dont la réussite a une grande influence sur la qualité des produits. Il faut non seulement choisir avec soin les caillettes de veaux, mais préparer la recuite destinée à servir de liquide de macération.

Cette recuite, c'est-à-dire le petit-lait débarrassé du serai, s'obtient par l'action de la chaleur et l'addition d'aisy. Or, l'aisy, qui n'est autre chose qu'une culture de microbes, doit être conduit avec soin, maintenu à une force (degré d'acidité) bien déterminée. C'est là une difficulté pour le fromager peu expérimenté.

Je me suis demandé si l'on ne pourrait simplifier le mode opératoire. J'ai songé à substituer à la cuite du petit-lait bouilli comme liquide de macération. Dix-huit fromages ont été fabriqués avec une présure obtenue de cette façon.

Au point de vue du goût, on a constaté :

    8 ordinaires ou.. 44.5 p. 100
    6 à saveur peu développée.................................... 33.0
    4 mauvais.. 22.5

Sous le rapport de l'ouverture :

    11 réguliers, soit.. 61.0 p. 100
    7 chargés, irréguliers ou peu ouverts, soit................. 39.0

Si ce procédé de préparation est plus simple, il ne donne pas la même régularité ni pour l'ouverture, ni pour le goût, que le procédé usuel. On ne peut donc le conseiller.

Dans une autre série d'expériences, j'ai cherché à me rendre compte si, comme le prétendent à peu près unanimement tous les fromagers qui ont essayé, les extraits de présure ne peuvent convenir pour les gruyères.

On a employé pour quatre fromages la présure liquide et pour un la poudre dissoute un quart d'heure avant l'emploi. Toutes ces présures étaient étendues d'eau pour que la répartition se fasse d'une façon plus homogène dans toute la masse.

Les fromages se sont divisés comme suit :

GOÛT			OUVERTURE	
BON.	ASSEZ BON.	MAUVAIS.	RÉGULIÈRE.	GRANDE OU CHARGÉE.
2	3	1	2	4
33 p. 100	50 p. 100	17 p. 100	33 p. 100	66 p. 100

La proportion des produits inférieurs est considérable. Ce sont des fromages chargés, aux yeux trop nombreux, généralement irréguliers, allongés, brillants, mal dépouillés comme on dit en terme de métier. Dans la moitié, le goût est peu prononcé.

Il était intéressant aussi d'employer un liquide fermenté avec ces extraits, afin de voir l'action des microbes. Des expériences ont été conduites avec le petit-lait bouilli et la cuite, les deux liquides étant fermentés. Le liquide était maintenu pendant un nombre d'heures variable au voisinage de 30 degrés, puis on y ajoutait la présure, soit poudre, soit liquide, seulement avant l'emploi.

Pour le petit-lait, les résultats ont été les suivants :

GOÛT			OUVERTURE	
BON.	ASSEZ BON.	MAUVAIS.	RÉGULIÈRE.	CHARGÉE.
1	2	4	3	4
14.28 p. 100	28.57 p. 100	57 p. 100	42.85 p. 100	57.14 p. 100

En somme, une grande irrégularité soit dans le goût, soit dans l'ouverture, a été constatée.

Tout autres ont été les résultats avec la cuite fermentée.

Il y a eu 13 fromages mis en expérience. Ils ont ainsi été appréciés :

GOÛT		OUVERTURE	
BON.	ASSEZ BON.	RÉGULIÈRE.	ASSEZ RÉGULIÈRE.
11	2	11	2
84.61 p. 100	15.38 p. 100	84.61 p. 100	15.38 p. 100

En résumé, l'ensemble, tant au point de vue du goût que de l'ouverture, ne se distingue nullement de ceux obtenus par la méthode habituelle. A quelle cause faut-il attribuer ces résultats? aux microbes qui peuplent la cuite? C'est probable. Néanmoins une autre explication pourrait être donnée.

Les fromages ainsi fabriqués avaient l'œil bien franc, bien net. Or, dans les gruyères préparés avec la caillette par le procédé ordinaire, lorsque l'œil se trouve ainsi dépouillé, le goût est généralement bon. Si, au contraire, l'ouverture est chargée, le fromage prend souvent un goût de petit-lait. Autrement dit, avec le même lait, les mêmes présures de caillettes bien fabriquées, suivant que le grain est plus ou moins essuyé, le goût sera différent.

Or, l'acide lactique développé dans la cuite par la fermentation du lactose et ajouté à la présure donne un caillé différent de celui obtenu par l'emploi de la présure seule. Dans le premier cas, le grain se purge plus facilement de petit-lait. Ne pourrait-on voir dans cette dessiccation convenable du grain la cause du goût uniformément bon constaté? C'est ce que des expériences ultérieures décideront. Quoi qu'il en soit, il est indubitable que l'on peut employer les extraits de présure en mélange avec la cuite fermentée pour la préparation du gruyère. C'est là un avantage considérable, car le fromager, ayant toujours la même présure, peut obtenir chaque jour un caillé identique, ce qui lui épargne l'obligation de varier son travail.

EXPÉRIENCES SUR LE SALAGE DES GRUYÈRES DANS L'EAU SALÉE.

Depuis quelques mois, on a préconisé en Suisse le salage des emmenthals par immersion dans un bain d'eau salée. J'ai voulu me rendre compte si cette méthode devait être employée pour le gruyère.

Les expériences ont été conduites de la façon suivante :

Deux fromages étaient fabriqués ensemble dans la chaudière à vapeur, ils étaient donc de tous points semblables et, si les soins en cave eussent été les mêmes, ils devaient forcément ne pas différer après achèvement de la maturation.

Mais, à l'entrée en cave, l'un recevait les soins habituels, tandis que l'autre était plongé dans un bain d'eau salée.

Un certain nombre d'autres pièces fabriquées isolément ont été également soumises à l'essai.

Voici les résultats obtenus :

Sur les cinq lots de fromage fabriqués ensemble, deux seulement sont restés semblables, et encore, dans un cas, le fromage au sortir du bain n'a plus été salé, dans les autres, le fromage placé dans la saumure a, soit une plus petite ouverture, soit une pâte plus dure. De même pour les fromages fabriqués isolément.

La méthode ne doit donc pas être conseillée en temps normal. Mais justement parce qu'elle arrête la fermentation, elle a son utilité quand celle-ci est trop active. Si, dans les premiers jours en cave, le fromage *sonne*, comme on dit, il faut le placer dans un bain salé, saturé suivant les cas, pendant 24 à 48 heures; on évitera ainsi les fromages gonflés.

RAPPORT ENTRE LA COMPOSITION DU LAIT ET LE RENDEMENT EN GRUYÈRE.

Étant donné un lait d'une composition connue, quel rendement peut-on obtenir en gruyère marchand? le rendement est-il proportionnel à la richesse en matière grasse ou à la richesse en extrait ?

Il y a là une question intéressante à examiner, puisque l'on tend de plus en plus à apprécier le lait non plus au kilogramme mais d'après la valeur.

Voici, à ce sujet, les expériences suivantes :

Le 10 avril, on a mélangé dans la chaudière à vapeur 614 kilogrammes de lait chaud et 180 kilogrammes de lait écrémé après 12 heures de repos.

Un échantillon prélevé et analysé a montré la composition suivante :

Acidité.	19	
Densité.	1032.2	
Matière grasse	3.48	
Sucre.	4.60	12.36
Sels.	0.73	extrait
Caséine.	3.55	sec.
Eau.	87.64	
	100.00	

Le petit-lait contenait 0.58 p. 100 de matière grasse avant l'écrémage et 0.17 après l'écrémage.

On a obtenu :

Fromage frais pour les deux pièces n° 237 et 238	71ᵏ.300
Beurre fin	3.850
Beurre de petit-lait	3.400
Petit-lait.	650.000

Soit, pour 100 kilogrammes de lait :

Fromage..	8ᵏ 970
Beurre fin.....................................	0 484
Beurre de petit-lait............................	0 428
Petit-lait avant l'écrémage......................	81 860

FROMAGE N° 254 FABRIQUÉ LE 16 MAI.

Composition du lait :

Acidité..	20	
Densité..	1032.5	
Eau...	87.34	
Matière grasse.................................	3.49	12.66
Sucre...	4.37	extrait
Cendres.......................................	0.77	sec.
Caséine.......................................	4.03	
	100.00	

Composition du petit-lait :

Acidité..	12	
Densité..	1028	
Eau...	92.50	
Matière grasse.................................	0.56	7.50
Sucre...	5.00	extrait
Cendres.......................................	0.50	sec.
Caséine.......................................	1.44	
	100.00	

Rendement, 9.3 p. 100.

FROMAGE N° 385 FABRIQUÉ LE 13 JUIN.

Composition du lait :

Acidité..	19.5	
Densité..	1031.7	
Eau...	87.16	
Matière grasse.................................	3.80	12.84
Sucre...	4.68	extrait
Sels..	0.72	sec.
Caséine.......................................	3.64	
	100.00	

Composition du petit-lait :

Acidité..	11.5	
Densité..	1028.2	
Eau...	92.45	
Matière grasse.................................	0.58	7.55
Sucre...	5.17	extrait
Cendres.......................................	0.48	sec.
Caséine.......................................	1.32	
	100.00	

Rendement, 9.6 p. 100.

FROMAGE N° 435 FABRIQUÉ LE 15 JUIN.

Composition du lait :

Acidité...	19
Densité...	1032

Eau..	87.05	
Matière grasse...	3.79	13.95
Sucre..	4.68	extrait
Cendres..	0.70	sec.
Caséine..	3.78	

100.00

Composition du petit-lait :

Acidité...	11
Densité...	1028.6

Eau..	92.79	
Matière grasse...	0.53	7.51
Sucre..	5.37	extrait
Sels...	0.49	sec.
Caséine..	1.12	

100.00

Rendement, 9.72 p. 100.

Voici le résumé de ces expériences :

NUMÉROS DES FROMAGES.	EXTRAIT SEC.	MATIÈRE GRASSE.	CASÉINE.	RENDEMENT.
237-238...............	12.36	3.48	3.55	8.97
254...................	12.66	3.49	4.03	9.30
385...................	12.84	3.80	3.64	9.60
435...................	12.95	3.79	3.78	9.72

Des chiffres précédents on peut conclure que l'appréciation de la valeur d'un lait destiné à être transformé en gruyère doit se faire non d'après sa richesse en beurre, mais d'après la proportion d'extrait sec qu'il contient.

NOUVEAU PROCÉDÉ D'ÉCRÉMAGE DU PETIT-LAIT.

Le petit-lait renferme de la matière grasse, de la caséine, du sucre et des sels, tous produits qui existent en proportion variable avec la nature du fromage fabriqué.

Voici des chiffres tirés d'un certain nombre d'analyses effectuées au laboratoire de l'École sur des petits-laits provenant de la fabrication du gruyère :

Eau..	92.65 à	92.50
Matière grasse...	0.50	0.60
Caséine..	1.00	1.30
Sucre..	5.20	5.30
Sels...	0.47	0.52

Si l'on écrème moins le lait en chaudière, la matière grasse s'échappe en plus grande quantité dans le petit-lait. Ainsi, pour les emmenthals fabriqués, on a trouvé o.65 à o.75 p. 100 de matière grasse.

En résumé, le petit-lait provenant du gruyère et de l'emmenthal renferme encore une certaine quantité de beurre qu'il y a tout intérêt à extraire.

Les procédés actuellement en usage peuvent se ramener à trois.

1° *Écrémage spontané.* — Dans un certain nombre de fruitières, on place le petit-lait dans des cuves en bois. Pour que la montée de la crème soit complète, il faut laisser le liquide en repos pendant 36 à 48 heures. En été, le petit-lait s'aigrit très rapidement et la crème ainsi obtenue ne peut donner ni un beurre fin, ni un beurre de conserve. Le système ne s'accompagne de bons résultats que s'il y a suffisamment d'eau pour que la température puisse être obtenue aux environs de 15 degrés.

On refroidit immédiatement le petit-lait au moyen d'un réfrigérant Lawrence : le liquide, ramené à une température basse, est placé dans de grands bacs en fonte ou en fer étamé, entourés eux-mêmes d'un courant d'eau. Une installation de ce genre a été établie sur mes conseils à la fruitière modèle de Grand'Combe de Morteau et permet d'obtenir un second beurre de bonne qualité.

2° *Écrémage par la centrifuge.* — Toutes les fruitières ne disposent pas d'eau en quantité suffisante pour adopter le système du refroidissement. Dans les installations qui marchent à moteur, l'écrémeuse centrifuge sert parfaitement pour l'extraction de la matière grasse. C'est ainsi que l'on opère à Mamirolle et à la fruitière du Château de Bournel.

3° *Écrémage par les brèches.* — Lorsque le lait est acide, si l'on chauffe le petit-lait pour recuire, on voit apparaître, à une certaine température, la crème que l'on appelle *brèche*.

Si le lait est normal, il faut ajouter une certaine quantité d'acide pour que les brèches montent. Dans certaines fromageries, on emploie l'aisy. Mais il n'est pas toujours facile de calculer exactement la proportion d'aisy la plus convenable pour obtenir le maximum de rendement. Si cette quantité est insuffisante, les brèches montent incomplètement.

C'est pour régulariser cette montée de la crème que je propose l'emploi de l'acidimètre. Si l'on connaît en effet l'acidité du petit-lait d'un côté, celle de l'aisy de l'autre, il est facile de voir la proportion à employer. Ainsi, avec le petit-lait d'un lait normal, on emploie 3.5 p. 100 d'aisy, quand ce liquide marque 65 d'acidité. Si le degré est de 80, la dose tombe à 2.5 p. 100. Comme on emploie une quantité assez considérable d'aisy, il faut recuire fréquemment. Cette manipulation peut être supprimée en remplaçant l'aisy par un acide, ainsi que nous l'avons expérimenté. C'est l'acide chlorhydrique qui, en raison de son bas prix, me paraît devoir être préféré. Depuis six mois, ce produit est employé à Mamirolle.

En traitant de cette façon une partie du petit-lait, l'autre étant passée à la centrifuge, on a obtenu, en moyenne, les résultats suivants, provenant de très nombreuses expériences :

Pour 100 litres de petit-lait :

Brèches à l'acide chlorhydrique .... 0ᵏ 5₂6 de beurre.

Écrémage centrifuge 0 484

Ainsi le procédé le plus simple donne encore un rendement plus élevé. Si l'on admet que 100 litres de lait correspondent à 83 litres de petit-lait, on voit que 100 litres de lait mis en chaudière peuvent fournir par le procédé indiqué 436 grammes de beurre.

On peut taxer sans exagération la valeur de ce beurre à 2 francs le kilogramme, et même, sur beaucoup de marchés, il atteindrait un prix supérieur. 100 litres de lait donneraient donc en second beurre 0 fr. 87, soit, par litre de lait, environ huit dixièmes de centime.

Quelle est la dépense pour obtenir ce résultat. Il y a d'abord le combustible nécessaire pour élever la température de 50-55° à 85°.

Dans nos régions, où le bois n'atteint pas des prix élevés, cette dépense peut être évaluée à 0 fr. 25 pour chauffer le petit-lait d'un fromage.

Quant à l'acide chlorhydrique, son prix est de 0 fr. 50 le kilogramme. Il s'agit de l'acide chlorhydrique *pur* qu'il faut toujours employer. Or, la dose est de 23 à 25 centimètres cubes pour 100 litres de petit-lait. Pour un fromage fabriqué avec 400 litres de lait, donnant par conséquent 332 litres de petit-lait, il faudrait 83 centimètres cubes, soit une dépense de 0 fr. 04 environ.

En résumé, au moyen du procédé des brèches par l'acide chlorhydrique que je propose, on peut retirer, par fromage de 400 litres, 1 kilogr. 740 de second beurre, dont la valeur équivaut à 3 fr. 48.

En déduisant les frais (combustible et acide), on arrive à environ 3 francs par fromage, comme produit net.

Le mode opératoire est le suivant. Quant le petit-lait est arrivé à 8°, on verse l'acide à raison de 24 centimètres cubes par 100 litres de petit-lait. Cet acide a été, au préalable, mélangé avec quelques litres de petit-lait, pour que la répartition dans la chaudière soit plus parfaite. On continue à chauffer de 85 à 88°, jusqu'à ce que les brèches soient montées. On les enlève, on les laisse refroidir dans des rondots. Le barattage s'opère quand l'acidité a atteint 35 degrés à 40 degrés, généralement après 48 heures. Cette fermentation des brèches est indispensable, parce que l'arome qui se développe masque le goût de cuit dans le beurre. D'autre part, le barattage s'effectue beaucoup plus rapidement et le rendement est supérieur.

IV. — EXPÉRIENCES SUR L'ALIMENTATION DES VACHES AVEC LA VESCE VELUE.

Il m'a paru intéressant d'expérimenter la valeur alimentaire de la vesce velue sur les deux vaches de l'établissement.

Pendant la quinzaine qui a précédé les essais, l'alimentation était composée d'herbes fraîches de prairies, de foin et de seigle en grain. On a substitué ensuite à l'herbe et au foin la vesce velue.

Le tableau suivant indique la quantité absorbée par chaque vache, ainsi que la production journalière moyenne en lait :

PREMIÈRE PÉRIODE.

	ALIMENTS CONSOMMÉS.			LAIT PRODUIT.
	FOIN.	HERBES DE PRÉ.	SEIGLE.	
	kilogr.	kilogr.	kilogr.	kilogr.
Vache n° 1..............	3	42	2	11,12
Vache n° 2..............	3	36	2	10,92
MOYENNE...........	3	39	2	11,02

DEUXIÈME PÉRIODE.

	ALIMENTS CONSOMMÉS.		LAIT PRODUIT.
	VESCE VELUE.	SEIGLE.	
	kilogr.	kilogr.	kilogr.
Vache n° 1	45,0	2	11,18
Vache n° 2	42,0	2	11,31
MOYENNE.................	43,5	2	11,24

Le lait mélangé des deux vaches, analysé à la fin de chaque période, a montré les compositions suivantes :

	Avant l'essai à la vesce velue.	Pendant l'essai à la vesce velue.
Densité...........................	1031.2	1030.5
Eau..............................	87.26	87.16
Extrait sec.......................	12.74	12.84
Matière grasse....................	3.96	4.14
Sucre	4.68	4.90
Caséine..........................	3.39	3.10
Sels	0.71	0.72

L'acidité est restée normale pendant toute la durée des expériences, en oscillant de 18 degrés à 18°5.

Les laits, placés dans le tyroscope, ont conservé l'état habituel.

Il eût été intéressant de fabriquer un fromage avec ce lait d'expériences; la faible quantité de matière première dont je disposais ne m'a pas permis d'effectuer cet essai.

La crème barattée à part n'a montré aucune différence, dans le goût ni dans la consistance du beurre, avec celui obtenu antérieurement.

Des chiffres obtenus on peut conclure que, dans le cas observé, la vesce velue s'est montrée douée d'un haut pouvoir alimentaire.

Il serait prématuré de généraliser ces résultats. Dans les essais d'alimentation, il ne faut jamais perdre de vue, en effet, l'aptitude individuelle de l'animal à s'accommoder de telle ou telle nourriture. Aussi est-il nécessaire, avant de juger un aliment, de le soumettre à des expériences multiples.

J'ai donné les chiffres que l'on a lus plus haut comme une simple contribution à l'étude de cette nouvelle plante fourragère et non comme une appréciation définitive sur sa valeur.

La vesce velue, connue depuis plusieurs années en Allemagne, où elle est cultivée dans les terres légères particulièrement, a fait son apparition en France vers 1890, sur la recommandation de M. Schribaux, directeur de la Station d'essais de semences.

Elle était signalée comme très précoce, résistante au froid, d'une productivité satisfaisante dans les sols médiocres. Les observations que j'ai pu faire confirment la rusticité de cette légumineuse, qui a parfaitement supporté 20 degrés au-dessous de zéro.

C'est, en somme, une plante intéressante à expérimenter et qui, vraisemblablement, prendra place dans les exploitations qui visent à la production fourragère.

VALEUR NUTRITIVE DU TOURTEAU DE RIZ COMPARÉE À CELLE DU TOURTEAU DE COLZA.

Par suite de la pénurie des fourrages, on s'est ingénié de tous côtés, durant la campagne de 1893-1894, à maintenir le stock de bétail par l'utilisation de divers produits alimentaires jusqu'alors peu employés.

Il m'a paru intéressant d'expérimenter un résidu au sujet duquel, à ma connaissance du moins, aucune expérience complète n'avait encore été faite : je veux parler du tourteau de riz.

Ce produit était fabriqué par la distillerie de Roche-les-Beaupré (Doubs). M. Monnot, chimiste de l'établissement, avait pensé préférable de renforcer le tourteau en matière amylacée, par l'addition d'une certaine quantité de farine de riz. C'est ce mélange qui a été expérimenté.

Les expériences ont été conduites de la façon suivante.

La vache soumise aux essais, appartenant à la race montbéliarde, très bonne laitière, recevait la ration suivante :

Foin	6ᵏ 000
Regain	9 000
Pommes de terre	6 000
Graine de foin	0 750

On a ajouté pendant quelque temps 400 grammes de tourteau de riz, puis 1 kilogramme chaque jour pendant une semaine, enfin 2 kilogrammes, et c'est le huitième jour de cette dernière période que l'expérience a commencé, alors que l'animal devait être accoutumé au nouvel aliment. La nourriture était distribuée le matin, à midi, le soir.

Il y avait alors 40 jours que le vêlage avait eu lieu.

L'expérience s'est prolongée du 4 au 30 mars.

La quantité journalière de lait produite a été de 15 lit. 56, en moyenne, en deux traites.

Afin de voir la qualité du lait produit, des analyses ont été effectuées le 10 et le 28 mars.

DATES.	DENSITÉ.	ACI-DITÉ.	MATIÈRE GRASSE.	SUCRE.	SELS.	CA-SÉINE.	MATIÈRE SÈCHE.	EAU.	OBSERVA-TIONS.
10 mars...	Matin : 1032.0 Soir : 1033.4	19.00 18.25	3.98	4.73	0.72	3.73	13.16	86.84	Analyse du mélange des deux traites.
28 mars...	Matin : 1032.9 Soir : 1033.0	19.00 18.00	3.05	4.43	0.77	3.87	12.12	87.88	Idem.

La crème barattée à part a fourni un beurre franc de goût, dont l'arome toutefois était peu développé.

Le 30 mars, on a remplacé les 2 kilogrammes de tourteau de riz par du tourteau de colza sans apporter aucun autre changement de régime.

L'essai a été compté du 5 au 25 avril.

La production moyenne journalière a été de 15 lit. 33.

Le lait a été analysé les 14 et 24 avril.

DATES.	DENSITÉ.	ACI-DITÉ.	MATIÈRE GRASSE.	SUCRE.	SELS.	CA-SÉINE.	MATIÈRE SÈCHE.	EAU.	OBSERVA-TIONS.
14 avril...	Matin : 1031.8 Soir : 1032.6	19.5 20.0	3.60 3.55	4.43 4.72	0.73 0.72	3.97 3.68	12.83 12.67	87.17 87.33	
24 avril...	Matin : 1030.4	17.5	3.95	4.43	0.76	3.69	12.83	87.17	

La comparaison des chiffres fournis montre qu'au point de vue de la quantité de lait, les deux tourteaux s'équivalent sensiblement, puisque la différence n'est que de 0 kil. 23 par jour, au bénéfice, d'ailleurs, du tourteau de riz. Mais, au point de vue de la richesse du lait, le tourteau de colza s'est montré manifestement supérieur, puisque l'extrait sec a passé de 12.12 à 12.83 p. 100.

Si l'on considère que le tourteau de riz est coté 13 francs les 100 kilogrammes et celui de colza 18 francs, il semble qu'il y ait intérêt à faire entrer le premier dans la ration, non toutefois d'une manière exclusive, ce qui diminuerait la richesse du lait, mais en l'associant à d'autres tourteaux.

EXPÉRIENCES SUR L'ENGRAISSEMENT DES PORCS.

Valeur comparée de la farine de cocotier et de la farine de maïs.

Bien que l'engraissement des porcs avec le petit-lait et la farine de maïs ait donné des résultats satisfaisants, j'ai cherché, étant donné le prix élevé de cette farine, à lui substituer un aliment complémentaire plus économique.

Les essais ont porté sur la farine de cocotier; ils ont été établis de la façon suivante :

Sept porcs ont été nourris pendant 44 jours avec du petit-lait et de la farine de cocotier; puis, pendant 23 jours, la farine de maïs a remplacé le cocotier.

Le petit-lait était donné à discrétion, suivant l'appétit des animaux. On notait exactement la quantité absorbée chaque jour.

Les résultats sont consignés dans le tableau suivant :

DATE DES PESÉES	POIDS INITIAL		DATE DES PESÉES	POIDS FINAL.		ACCROISSEMENT.		ALIMENTS CONSOMMÉS.					
								PETIT-LAIT.		FARINE DE COCOTIER.		FARINE DE MAÏS.	
	total.	individuel.		Total.	Moyenne individuelle.	Total.	Moyenne individuelle par jour.	Total.	Moyenne individuelle par jour.	Total.	Moyenne individuelle par jour.	Total.	Moyenne individuelle par jour.
9 octobre...	420	60	22 novembre.	665,0	95,00	245,0	0,795	7.765	25,21	284,4	0,923	»	»
22 novembre.	665	95	15 décembre.	772,6	110,37	107,6	0,668	4.990	30,99	»	»	135,8	0,843

En prenant comme valeur de la farine de maïs 22 francs les 100 kilogrammes, celle du cocotier 15 francs les 100 kilogrammes, en admettant la valeur du kilogramme de poids vif à 1 franc le kilogramme, on arrive aux chiffres suivants pour le produit brut de 100 kilogrammes de petit-lait. Pour le produit net, il y a lieu de tenir compte des frais divers et de la moins-value subie sur le prix d'achat, par kilogramme de poids vif :

Les 100 kilogr. de petit-lait.

Première période : farine de cocotier............................ 2ᶠ 60ᶜ
Deuxième période : farine de maïs............................ 1 56

Durant la même période (22 septembre au 15 décembre), 10 porcs ont donné un accroissement journalier de 0 kilog. 648. Ils ont consommé en moyenne, par tête, 25 kilogr. 02 de petit-lait et 0 kilogr. 950 de farine de maïs.

En prenant comme base les chiffres précédents, on trouve pour la valeur brute de l'hectolitre de petit-lait 1 fr. 75.

Cette expérience, conduite en double, montre que le petit-lait complété par la farine de cocotier ressort à un prix notablement plus élevé que lorsqu'il est additionné de farine de maïs.

V. — Résultats généraux.

L'école de Mamirolle avait été surtout créée pour perfectionner la fabrication du gruyère.

A cette époque, 1888, la Suisse nous faisait une concurrence heureuse sur nos propres marchés. Cette prédominence n'était pas occasionnée d'ailleurs par une qualité exceptionnelle du lait permettant d'obtenir des produits plus recherchés des consommateurs. Bien au contraire, dans la Suisse allemande, la principale région exportant en France, les aliments concentrés de diverses origines sont donnés aux vaches en quantité considérable; le lait ainsi obtenu ne peut rivaliser avec celui fourni par une nourriture plus naturelle, telle qu'elle est en usage dans la Comté.

Mais nos voisins cherchaient avant tout à satisfaire le désir de la clientèle qui, plaçant le goût du fromage en second rang dans l'appréciation de sa valeur, s'attachait de plus en plus aux grands yeux, à l'ouverture régulière et développée.

Pour arriver à ce but, les fromagers suisses mettaient en œuvre toutes les ressources de la technique, introduisaient notamment le chauffage des caves, afin de maintenir dans les locaux de maturation une température uniforme. De là, possibilité d'avancer considérablement l'époque de livraison des produits d'automne et d'hiver : après trois mois, les fromages étaient suffisamment ouverts pour être vendus à Paris. Ceux de Franche-Comté, au contraire, fabriqués à la même époque, mais soumis aux basses températures, ne sortaient des caves qu'en juin et juillet. Et il n'en résultait pas seulement un retard dans la vente, mais aussi un encombrement des locaux. La fermentation était retardée, les yeux ne se développaient pas avec la grosseur voulue : des déchirures apparaissaient dans la masse, le fromage devenait *lainé*. Jadis, ces fromages étaient parfaitement acceptés, car le goût n'en est pas moins fin; mais depuis plusieurs années, les consommateurs désiraient de plus en plus des produits ouverts, et voilà pourquoi les gruyères de Comté, qui laissaient à désirer sous ce rapport, étaient dépréciés.

Aussi, dès l'ouverture de l'établissement, ai-je voulu démontrer expérimentalement la possibilité de lutter avantageusement contre nos rivaux. Le chauffage des caves fut introduit méthodiquement et, trois mois après leur fabrication, les fromages de novembre et de décembre 1888 étaient livrés au commerce.

Rien ne fut épargné pour décider les sociétés de fromagerie à adopter le système : conférences, publications, explications à l'École. Aussi le chauffage des caves s'est-il beaucoup généralisé. En même temps étaient donnés les plans, les renseignements pour créer des fromageries, améliorer celles existantes, etc.

Un appareil pratique, l'acidimètre, était imaginé par M. Dornic, chef du laboratoire de l'École, pour découvrir et éliminer les laits altérés si préjudiciables à la bonne fabrication.

Les élèves se formaient, allant non seulement mettre en pratique les principes reçus à l'École, mais les plus instruits servaient de moniteurs pour former à leur tour des apprentis. Actuellement, les fruitières-écoles de Pringy, Seyssel (Haute-Savoie), le Châtelard (Savoie), Maillat (Ain), sont dirigés par d'anciens élèves de Mamirolle.

Le nombre des élèves réguliers sortis de l'établissement au 1ᵉʳ janvier 1895 s'élevait à 71 et celui des élèves libres à 70.

Comme résultats directs, il est indéniable que la production du gruyère s'est améliorée. Les produits d'automne et d'hiver, mûrs plus tôt, ont une ouverture plus régulière. Dans les produits d'été, on constate un déchet moins considérable. D'autre part, la production s'est considérablement augmentée. Dans le département du Doubs, une quarantaine de nouvelles communes transforment leur lait en gruyère depuis 1888.

Le tableau suivant donne des indications intéressantes sur les importations de gruyères suisses en France depuis 1887 :

Années.		Quantités.
1887...	8,791	
1888...	7,138	
1889...	6,888	tonnes
1890...	6,207	net
1891...	5,497	de
1892 (6,396 tonnes de tous genres).................	6,367	pâtes
1893 (5,807 —)........................	5,278	dures.
1894 (5,423 —)........................	5,394	

Ainsi, de 1887 à 1891, les importations ont diminué de 3,294 tonnes, soit de 38 p. 100. Pendant cette période, il faut le remarquer, le droit de douane était de 4 francs seulement. Personne ne saurait donc contester l'heureuse influence de l'enseignement technique sur l'extension et l'amélioration de l'industrie fromagère.

Fait qui paraît étrange, au premier abord, le relèvement des droits à 15 francs les 100 kilogrammes à partir du 1ᵉʳ février 1892, puis à 25 francs à partir du 1ᵉʳ janvier 1893, n'a pas accéléré la diminution des importations. L'explication est facile à donner. De 1888 à 1891, l'importation des fromages suisses d'automne et d'hiver a diminué considérablement, mais une autre sorte entrait en France dans la même proportion qu'autrefois; c'est l'emmenthal qui, actuellement encore, constitue la plus grande partie de l'importation.

Je me suis préoccupé d'introduire cette fabrication dans notre région : elle se pratique chaque année à Mamirolle, et la démonstration est faite que, partout où l'on réussit le bon gruyère, on peut fabriquer de l'emmenthal, sons réserve de l'outillage nécessaire et du personnel compétent. De ces deux conditions, la dernière est réalisée, puisque les élèves sont initiés à cette fabrication. Mais plus difficile à obtenir est l'outillage.

C'est une dépense nouvelle, et nos sociétés de fromagerie hésitent en face des frais, bien qu'il soit absolument prouvé que la production de l'emmenthal est plus rémunératrice que celle du gruyère. Les industriels laitiers seraient peut-être plus volontiers décidés à faire les avances de matériel nécessaire à cette nouvelle fabrication.

En tout cas, c'est à développer l'industrie de l'emmenthal que nous consacrons maintenant nos efforts.

Limitée d'abord à l'enseignement du gruyère, l'École de Mamirolle a vu son champ d'action s'étendre sensiblement chaque année.

Les industriels laitiers de différentes régions de la France se sont adressés à l'établissement pour des renseignements de toute nature. Le nombre de renseignements fournis s'élevait, au 1ᵉʳ janvier 1895, à 2,500.

D'autre part, des élèves étaient demandés non seulement pour fabriquer du gruyère, mais pour être utilisés dans différentes fromageries, notamment en Normandie. Aujourd'hui que l'industrie du gruyère est parfaitement réglée, alors que les intéressés possèdent ou peuvent recueillir toutes les indications nécessaires pour réussir dans cette fabrication, il m'a paru indispensable d'introduire à Mamirolle l'enseignement pratique des principaux fromages, de façon à accroître les connaissances techniques des élèves.

La tendance que l'on remarque actuellement chez plusieurs industriels, c'est de varier leurs fabrications suivant les saisons. Au lieu de se limiter à un seul type toute l'année, ils fabriquent, durant chaque période, la sorte qui atteint le plus haut cours. C'est donc répondre au désir des intéressés que de préparer des jeunes gens aptes à fabriquer plusieurs espèces de fromage.

L'École de Mamirolle, qui est nationale, doit justifier ce titre en prêtant son concours pour faire progresser toutes les branches de l'industrie laitière.

Imprimerie Nationale. — 1896.

www.ingramcontent.com/pod-product-compliance
Lightning Source LLC
Chambersburg PA
CBHW060511200326
41520CB00017B/4994